COMITÉ INTERNATIONAL DE LA CROIX-ROUGE

ORGANISATION ET FONCTIONNEMENT

DE

L'Agence internationale

des Prisonniers de Guerre

à GENÈVE

1914 et 1915

PARIS_LIBRAIRIE FISCHBACHER

GENÈVE

AU SIÈGE DU COMITÉ INTERNATIONAL

Février 1915

Les Fondateurs de la Croix-Rouge

Les 1200 Collaborateurs volontaires
DE L'AGENCE DES PRISONNIERS DE GUERRE
ouverte à Genève, en Août 1914, par le Comité international de la Croix-Rouge.

ORGANISATION ET FONCTIONNEMENT

DE

L'Agence internationale des Prisonniers de Guerre

à GENÈVE

1914 et 1915

INTER ARMA CARITAS

GENÈVE
AU SIÈGE DU COMITÉ INTERNATIONAL
Février 1915

IMPRIMERIE DU JOURNAL DE GENÈVE, RUE GÉNÉRAL-DUFOUR

INTRODUCTION

Les nombreux et vaillants collaborateurs de l'Agence internationale de Genève ayant exprimé à plusieurs reprises le désir d'être renseignés, mieux qu'ils ne pouvaient l'être par leur travail journalier, mais forcément localisé, sur le fonctionnement et les rouages multiples de cet organisme complexe, l'idée d'une brochure a surgi. Et le Comité international a décidé l'impression du présent opuscule.

Il ne s'agit ni d'un historique, ni d'un rapport complet et documenté. On trouvera dans le *Bulletin international* (nos d'octobre 1914 et janvier 1915 [1]) les grandes lignes du développement historique, juridique et de l'institution, ainsi que les étapes de son développement successif. D'autre part, un compte rendu complet ne pourra paraître que lorsque l'Agence aura fermé ses portes. Or, à la différence du temple de Janus, elle devra les maintenir ouvertes longtemps encore, sans doute, après la cessation des hostilités.

---

[1] Abonnement au *Bull. international de la Croix-Rouge* auprès de M. Paul Des Gouttes, Corraterie, 24, Genève, fr. 6.— par an.

La présente brochure n'a donc aucune prétention littéraire. Elle ne saurait davantage être complète, ni définitive, puisqu'elle traite d'un organisme vivant, sujet à de constants avatars et à de journaliers perfectionnements. Elle est composée du groupement et de l'harmonisation des rapports, demandés à cet effet et succinctement rédigés, des différents chefs de service. Nous leur avons laissé autant que possible leur spontanéité et leur style, nous bornant à rechercher leur coordination, en même temps qu'un certain équilibre de l'ensemble. Cet opuscule reste tout à fait anonyme : on y chercherait en vain des noms ou des remerciements ; il est strictement objectif et technique. Tel qu'il paraît, il restera un aperçu documentaire, un schéma de ce qu'est devenue, au bout de quelques mois de vie, cette institution nouvelle, créée de toutes pièces et le mieux possible adaptée à la réalisation de son but humanitaire : fournir aux familles, déchirées par la guerre, des renseignements sur les leurs, et les aider à communiquer avec eux.

Genève, février 1915.

ORGANISATION ET FONCTIONNEMENT

DE

l'Agence Internationale des Prisonniers de guerre

à GENÈVE

1914 et 1915

CHAPITRE PREMIER

La Direction : le Comité international
de la Croix-Rouge

Fondé à Genève en octobre 1863, le Comité international, issu d'une commission de la Société genevoise d'uti-
lité publique est, sans constitution ni règlement mais
revêtu de l'autorité morale qui lui est reconnue au sein
de la Croix-Rouge, à la fois le gardien des principes fon-
damentaux de cette œuvre aux assises internationales, et
l'organe central servant d'intermédiaire et de lien entre
les Sociétés nationales de la Croix-Rouge.

Chargé en 1912, par la Conférence internationale de
ces Sociétés, de servir également d'intermédiaire entre
les Commissions de prisonniers que celles-ci s'engageaient
à constituer en vue de la guerre, il a trouvé, dès le début
des hostilités, son devoir tout tracé.

Dès le 21 août 1914, il ouvrait, très modestement
d'abord et dans les locaux exigus de sa bibliothèque,

Athénée 3, l'*Agence internationale de secours et de renseignements en faveur des prisonniers.*

Tout était à faire. Il fallait créer de toutes pièces. Il
commença par travailler lui-même ; puis, avec l'afflux
formidable du travail au bout de quelques jours, il dut
se contenter de conserver la direction, son Président
tenant toutes les rênes.

Assez vite, le travail se canalisa en deux grands courants : celui des demandes et celui des réponses ; d'un
côté les renseignements demandés par les familles, orale-
ment ou par correspondance, de l'autre ceux fournis
par l'Agence d'après les indications reçues de source
officielle ou officieuse, ou après recherches spéciales
entamées par elle. Et, à côté du service de transmission
des nouvelles par l'acheminement de la correspondance
des prisonniers aux familles et vice versa, toute l'activité,
infiniment complexe et de plus en plus ramifiée de l'Agence,
se résume dans ce double courant : recevoir des demandes
et y satisfaire. Et ce sera aussi, dans cet exposé technique,
le fil directeur, nécessaire à l'unité.

Le Comité, lui, s'est réservé, au sein de cette ruche labo-
rieuse, les questions générales, les décisions de principe,
les relations avec les Croix-Rouges, les autorités diplo-
matiques et les gouvernements. Une partie de son temps
est consacrée aux visites à recevoir, ministres, députés,
journalistes, délégués venus de toutes part, industriels
ingénieux, esprits idéalistes et mille autres...

Afin d'éviter des abus, le Comité a dû poser comme
règle absolue qu'il ne répondrait qu'aux familles et non
à des intermédiaires, à moins que ceux-ci ne soient des
Croix-Rouges. Le nom et l'adresse de la famille sont
d'ailleurs parfois la seule identification certaine d'un
prisonnier.

Tendant sans cesse ses efforts vers le perfectionnement
de l'œuvre et la réalisation meilleure du but poursuivi,

il suggère aux autorités compétentes les améliorations ou adoucissements que l'expérience lui dicte. Afin de mieux adapter l'organisme aux besoins, il écoute périodiquement ses chefs de service, réunis pour lui communiquer leurs desiderata ou faire rapport sur leur travail.

C'est une tâche à la fois d'analyse et de synthèse, qui est la sienne, d'harmonisation et d'équilibre entre ses dicastères, de coordination et de liaison entre eux, en vue d'assurer à son œuvre le meilleur rendement humanitaire et charitable.

CHAPITRE II

Organisation générale : Locaux, personnel, matériel

Locaux. — L'Agence a modestement débuté, le 21 août 1914, dans les locaux de l'Athénée, 3 ; au bout de quelques jours, elle déborda. Le service de correspondance s'établit dans le bureau de M. Ador, Athénée, 8, puis au Palais Eynard, rue de la Croix-Rouge, gracieusement prêté par la Ville de Genève. Enfin tous les services se réunirent, le 12 octobre 1914, au Musée Rath, place Neuve, obligeamment mis à notre entière disposition par l'autorité municipale.

Ce temple de l'art qui, au début de notre activité nous avait semblé trop grand, est aujourd'hui utilisé dans ses moindres recoins. C'est, du reste, grâce à la générosité de la Ville, qui nous fournit l'éclairage électrique d'une manière abondante, que nous en avons pu tirer si complètement parti.

Au sous-sol, le système adopté, tables avec dossiers, nous a procuré environ 175 places confortables, fréquemment toutes occupées à la fois. Les trois ventilateurs électriques fournis par la Ville ont été les bienvenus et maintiennent une bonne aération. Au rez-de-chaussée les salles du fichier allemand et renseignements allemands ont été, dernièrement, transformées à l'instar du sous-sol, et elles permettent maintenant aux collaborateurs, en leur accordant plus d'espace, d'accomplir leurs travaux avec plus de tranquillité.

Les dactylographes ont dû, au bout de quelques semaines, en raison de l'extension du service, être transférées ailleurs. Elles sont installées dans des arcades louées dans le voisinage, rue de Hollande.

Personnel. — Nous avons toujours pu compter sur des collaborations volontaires, spontanées et en nombre suffisant. A mesure cependant que les semaines s'ajoutent aux semaines, plusieurs personnes, messieurs ou dames, partent, se lassent quelquefois ou sont obligées de nous quitter pour reprendre leurs anciennes occupations, et comme le travail de l'Agence se transforme sans diminuer sensiblement, nous avons dû engager un certain nombre de salariés, soit aujourd'hui 68. Répartis entre les différents dicastères, ils assurent une certaine continuité et régularité du travail, à côté des bonnes volontés de la première heure fidèles et persévérentes.

Matériel. — Le matériel utilisé pour l'ameublement se compose de celui prêté gratuitement par la Ville et de celui fourni par des fabricants genevois à des prix spéciaux et très modérés. Il en est de même pour nos fournitures de bureau qui nous sont livrées par des maisons de la place, en général avec d'importantes remises. Quant aux *imprimés*, la consommation en est colossale ; leur nombre, leur variété augmente tous les jours, rien n'étant fastidieux comme d'écrire cinquante fois la même chose. Plus d'une fois les imprimeries de notre ville ont eu de la peine à suffire assez rapidement aux commandes et à la consommation des formulaires. Enumérer ceux-ci serait fastidieux. Disons seulement qu'au 31 janvier 1915, leur nombre était de 90, représentant un tirage total de 1.554.500 imprimés, sans compter 360.600 enveloppes et feuilles de papier à entête.

CHAPITRE III

Réception

Le nombre des visiteurs ayant très vite augmenté, il devint indispensable, au bout de quelques jours, d'organiser un service spécial pour la réception.

En effet, de 30 à 40 par jour qu'il était au début, ce chiffre s'éleva bientôt à 80 et 100 pour atteindre 200 à 250, et dépasser même un jour 400.

La réception est au large dans une vaste salle près de l'entrée sur la place Neuve, et, le service de la porte ayant été organisé, la tâche devint facile, les visiteurs n'étant plus introduits qu'un à un.

Avec la collaboration du service des fiches, un nouveau rouage fut adjoint à la réception : les « urgents » ou demandes d'un pointage spécial, qui permettent de savoir, quelquefois immédiatement, le plus souvent dans les vingt-quatre heures, si un disparu figure oui ou non sur les listes déjà reçues à l'Agence.

Le service de réception reste en relations étroites avec toutes les parties de l'Agence, et se trouve obligé de faire appel à tous les dicastères, pour pouvoir utilement répondre aux questions multiples et aux problèmes délicats qui lui sont posés par le public.

CHAPITRE IV

Service des Dépêches

Dès la fondation de l'Agence, nous avons reçu, ou verbalement, ou par télégramme avec réponse payée, ou don d'argent, des *demandes d'enquête télégraphique*; c'est-à-dire que les familles nous priaient de correspondre télégraphiquement, soit en Allemagne, soit en France, avec les médecins-chefs d'ambulances, pour les blessés, ou les commandants de place, pour les non blessés. Il fallut donc organiser un service des Dépêches, section française et section allemande, selon la nationalité du prisonnier. Dans la section française étaient compris les Anglais et les Belges. En outre le bureau des Civils correspondait aussi télégraphiquement.

Le service des Dépêches, tant françaises qu'allemandes, a expédié du 6 octobre 1914 au 31 janvier 1915, 10.000 télégrammes représentant une somme de fr. 26.795,—. Le compte des télégrammes expédiés du 1er août au 5 octobre n'a pas été relevé; il doit se monter à 2.000 environ. A ce chiffre de 12.000, nous devons ajouter les télégrammes expédiés sur les formulaires roses de réponse payée, dont l'administration du télégraphe n'a pas tenu compte dans nos débours. C'est encore là un nombre d'au moins 5.000 télégrammes à joindre aux chiffres précédents, ce qui porterait notre total à 17.000 télégrammes environ, en date du 31 janvier 1915.

Le service des Dépêches est en principe indépendant des autres services. Il se rattache cependant et tout d'abord au service de la Trésorerie par le fait que les dépêches avec mandat télégraphique portent souvent une demande d'enquête ou un renseignement sur un prisonnier. En ce cas, la Trésorerie, après avoir terminé le travail qui la concerne et l'avoir inscrit sur le télégramme, transmet le dit télégramme au service des Dépêches pour que ce service fasse le nécessaire ou, — comme nous le disions familièrement, — pour qu'il « opère » sur ce télégramme. Dès que l'opération est faite et qu'elle a été inscrite sur la dépêche, celle-ci est passée au fichier pour que soit coté, sur la fiche du prisonnier, le détail des opérations faites à son sujet ou les renseignements obtenus sur lui. La fiche porte un numéro d'ordre renvoyant au télégramme classé dans les dossiers. Il y a, de même, un lien entre le service des Dépêches et celui de la Correspondance. En effet, dès qu'une famille demande, par lettre, une enquête télégraphique, la Correspondance la remet aux Dépêches, et inversement lorsqu'une dépêche fait allusion à une lettre précédemment envoyée.

Tel est, brièvement exposé, le mécanisme du service des Dépêches dans l'*intérieur* de l'Agence.

Quant au service *extérieur*, c'est-à-dire la façon dont nous correspondons par télégraphe avec les prisonniers français en Allemagne ou allemands en France, il est assez simple en principe.

Le télégramme est adressé avec réponse payée au commandant de place quand il s'agit d'un prisonnier interné dans une forteresse, au médecin-chef quand le prisonnier est blessé. Il mentionne le nom du prisonnier destinataire, son numéro de régiment et, si possible, le cantonnement exact du dit dans la forteresse ou le lazaret, cela en vue d'éviter les retards et les confusions provenant d'homonymats. Il arrive, en effet, fréquemment que deux prisonniers de même nom et prénoms, font partie du même régiment et sont internés dans le même endroit. Cela se comprend, puisque, pour les noms très répandus, nous avons jusqu'à 500, 1000 et même 2000 hommes ; et beaucoup ont le même prénom. La meilleure preuve d'identité est alors l'adresse de la famille, et c'est pour ce motif que nous la réclamons instamment aux intermédiaires. Car si nous faisons demander au prisonnier, pour le distinguer de son homonyme : « Est-ce vous que recherche M. X. » (intermédiaire) il se peut qu'il l'ignore ; il répond alors : « Non » et le prisonnier est perdu pour nous. Si nous lui demandons : « Est-ce vous dont la famille habite telle ville, telle rue ? » il répond : « Oui » et l'identité est établie.

Les échanges de télégrammes entre nous et les commandants de place ne sont pas tous également fréquents et faciles. Certains commandants ne répondent que par lettre et nous en préviennent. D'autres, au contraire, préfèrent que leurs prisonniers dictent un télégramme à faire transmettre par nous à leur famille. Le contrôle, au départ, est pour eux plus vite fait que s'il s'agit de lettres ou de cartes postales.

Il est impossible d'énumérer les infinités de cas divers qui se présentent, les difficultés provenant d'erreurs de transmission de noms ou de mots altérés, de télégrammes intransmissibles en pays occupés, etc., etc. Presque chaque télégramme donne lieu, pour son expédition, à une série d'opérations à faire, de précautions à prendre.

CHAPITRE V

Correspondance

Section 1. — Administration générale

1. — *Arrivée du Courrier*.

La poste livre deux fois par jour le courrier séparé en plis recommandés et lettres ordinaires.

Les plis recommandés vont, aussitôt vérifiés comme nombre, au service des « lettres recommandées. »

Les lettres ordinaires livrées en paquets ficelés de 100, 150 et 200, sont remises au

2. — *Service de réception des lettres*.

Le service procède à un premier triage d'après les timbres et les adresses, comme suit :

1° Lettres ou plis des divers Comités de Croix-Rouge, lettres ayant un caráctère officiel, remises telles quelles à l'Administration générale du service de Correspondance (voir plus loin) ;

2° Lettres françaises ;

3° Lettres allemandes ;

4° Lettres anglaises ;

5° Lettres provenant de la Belgique et des territoires envahis ;

6° Lettres visant le front oriental (Autriche-Hongrie, Serbie, Russie).

Un ou deux collaborateurs se spécialisent dans la liquidation du courrier belge ; de même pour le courrier oriental et le courrier anglais.

3. — *Dépouillement.*

Pour le surplus, le système de dépouillement est uniforme. Les lettres se classent suivant l'objet qu'elles traitent en

    a) Militaires M I et M II ;
    b) Civils ;
    c) Sanitaires ou ambulances ;
    d) Trésorerie ou « Moynier » ;
    e) Prisonniers ;
    f) Divers.

Les « dépouilleurs » sont chargés de liquider entièrement les lettres M I et M II, se bornant pour les autres à les attribuer au service qu'elles concernent.

a) *Lettres militaires M I et M II.* — Ces lettres ont trait aux demandes relatives à des militaires disparus. La distinction est purement théorique, toutes deux aboutissant directement à la fiche demande qui les résume.

La lettre M I est la demande précise, donnant des détails assez complets, non seulement sur l'identité du recherché, mais aussi sur le lieu, la date ou les circonstances de sa disparition pour former un document devant être conservé en vue de recherches ultérieures.

La lettre M II, suffisamment explicite en ce qui concerne l'identité de l'individu recherché, ne contient aucune donnée sur les conditions de sa disparition. La fiche la résumant intégralement, la lettre originale peut être détruite sans inconvénient.

La classification entre M I et M II fut décidée, alors que le courrier s'est élevé de 10.000 à 30.000 demandes par jour. Les dactylographes étaient entièrement absorbées par le soin des fiches M I. Celles-ci munies d'un numéro d'ordre, reproduit également sur la lettre originale, sont classées à mesure dans des dossiers spéciaux de 200 unités, propres à de rapides recherches.

Pour arriver à confectionner au jour le jour les fiches résumant les lettres M II, 3 ou 4 fois plus nombreuses que les M I, il fallut faire appel à de nombreux concours au dehors. Devenues inutiles puisqu'elles étaient reportées sur fiches, les lettres M II étaient détruites.

Mais maintenant que le gros afflux de lettres a diminué, que de nombreuses demandes émanant des ambassades, consulats, Croix-Rouges, œuvres de bienfaisance et même de bien des particuliers nous parviennent sous formes de fiches, établies d'après les modèles que nous avons pris soin d'envoyer dans toutes les directions, les lettres M II ne se détruisent plus.

Elles sont confiées à des équipes spéciales réunies dans un local sous des directions bénévoles, ou à des personnes travaillant individuellement à domicile. Puis, la fiche faite, elles sont classées comme les autres.

Le service du dépouillement du courrier (« dépouilleurs ») accuse réception de chaque lettre M I ou M II par un imprimé, successivement modifié et complété dans sa formule ; puis il classe les lettres répondues dans des boîtes M I français, M I allemand, M II français, M II allemand. Celles-ci passent ensuite, munies du signe A R (accusé de réception) au service de confection des fiches.

L'Agence de Genève s'occupe des disparus sur le théâtre occidental de la guerre, c'est-à-dire des Allemands et Autrichiens disparus en France, en Belgique, ou au Japon, d'une part ; des Français, Anglais et Belges, d'autre part.

Sont considérés comme disparus, même les individus supposés faits prisonniers sur mer ou dans n'importe quelle colonie anglaise ou française, les listes de prisonniers venant de France ou de la Grande-Bretagne englobant toutes les possessions coloniales des deux pays.

Pour éviter des confusions par similitudes de noms, les demandes relatives à Tsin-Tao, très nombreuses depuis un mois, sont, une fois répondues, « fichées » à part et munies de la mention « Japon ». Ces fiches sont ensuites versées dans le fichier allemand.

Les demandes concernant les disparus sur le théâtre oriental de la guerre, font l'objet d'un accusé de réception par formulaire spécial, avisant les familles intéressées de la destination donnée à la demande.

Toutes les lettres ayant trait à des Austro-Hongrois disparus en Russie, à des Russes, Serbes ou Monténégrins disparus en Autriche-Hongrie, sont adressées au : « Gemeinsames Central Nachweise Bureau » Jasomirgottstrasse 6, à Vienne.

Celles concernant des Allemands prisonniers en Russie ou des Russes prisonniers en Allemagne, vont à la Croix-Rouge danoise à Copenhague K.

Enfin, celles relatives à des Austro-Hongrois disparus en Serbie, sont renvoyées à la Croix-Rouge serbe à Nisch.

b) *Lettres civiles.* — Toutes lettres ayant trait à des civils ou à des otages, sont remises avec tout leur contenu au service des Civils.

c) *Lettres sanitaires ou ambulances.* — Toutes lettres relatives au personnel sanitaire ou religieux, sont remises de même au service des Sanitaires.

d) *Lettres de trésorerie ou « Moynier. »* — Toute lettre traitant d'argent à un titre quelconque, est versée sans autre examen au service des lettres « Moynier », la question d'argent primant toutes les autres et devant être liquidée d'abord.

Ce service, qui participe à la fois de la trésorerie et du dépouillement, ne transmet à la Trésorerie que les lettres avisant un envoi d'argent à destination quelconque, et celles contenant des dons pour l'œuvre supérieurs à 50 francs. Il liquide toutes celles contenant des dons inférieurs à 50 francs, en en accusant réception et en totalisant les sommes pour que la Trésorerie n'ait, en ce qui les concerne, qu'une seule écriture à passer par jour.

La lettre ainsi liquidée est munie du timbre de la Trésorerie (A R Trésorerie), qui a pour effet de la « débaptiser », de la faire redevenir par là ce qu'elle doit être par le reste de son contenu, et rentrer dans les M I, M II, civil, sanitaire, prisonnier ou divers.

Le service des lettres « Moynier » (qui a occupé jusqu'à 12 collaborateurs) dépouille aussi les plis recommandés, qui lui sont remis directement à leur arrivée.

c) *Lettres de prisonniers.* — Toutes lettres destinées à des prisonniers ou adressées par eux à leur famille, sont versées au service des Prisonniers, qui absorbe un nombreux personnel.

Ce service est chargé du soin minutieux de lire chaque lettre ou carte adressée à des prisonniers, afin de s'assurer que la censure la laissera passer ; il vérifie ensuite si elle répond aux conditions de correspondance qui régissent les divers camps d'internement, conditions essentiellement variables, et que nous nous efforçons de connaître par le contenu même des lettres qui nous passent sous les yeux.

Dans bien des cas, des cartes postales seules sont permises ; dans d'autres, elles sont limitées à un certain nombre de lignes ou à une ou deux pages de tant de lignes. Suivant les lieux d'internement, la correspondance n'est permise qu'une fois par semaine, par quinzaine ou par mois.

Tout ce que l'on apprend ainsi est relevé peu à peu, inscrit et résumé dans des circulaires relatives à des camps déterminés. Cela nous permet, lorsque nous voyons qu'une lettre ne répond pas aux règlements, et ne serait par conséquent pas remise, de la renvoyer à l'expéditeur avec la circulaire, pour qu'elle soit récrite dans la forme voulue.

Le service des Prisonniers doit s'assurer ensuite si les adresses sont suffisantes ou pas. Les premières sont acheminées sans autre ; les autres sont envoyées pour la France au Bureau de renseignements du ministère de la Guerre à Paris ; pour l'Allemagne, à la direction des Postes, à Berlin.

Souvent les enveloppes fatiguées doivent être refaites; les adresses malhabiles, écrites à nouveau; les noms étrangers défigurés, redressés. C'est un vrai sauvetage matériel à opérer, à côté des espoirs et des encouragements à donner aux correspondants.

Toutes les lettres destinées aux colonies anglaises et au Japon sont dirigées sur Londres et adressées au « Prisoners of War Information Bureau », 49 Wellington street, W. C.

Les lettres pour la Russie ou pour les territoires occupés par la Russie sont envoyées à la Croix-Rouge de Copenhague.

Le service des Prisonniers s'occupe ensuite du classement des lettres destinées à la Belgique, au Luxembourg et aux territoires occupés par les Allemands.

Pour la Belgique et le Luxembourg, passent seules les lettres destinées à des prisonniers de guerre et à des employés des administrations civiles et militaires allemandes, mais *aucune* lettre pour des civils.

Rien ne passe à destination des territoires occupés (Belgique, Luxembourg, Nord de la France).

Toutes les lettres qui ne peuvent être acheminées, sont mises en réserve par *villes* et *départements* dans des boîtes spéciales, attendant le moment où l'envoi sera possible. Il y en a déjà des milliers.

Nous usons parfois pour des plis très importants ou officiels, de voies détournées, mais que nous ne pouvons faire connaître, de crainte qu'un abus nous les ferme également.

f) *Lettres « divers »*. — Toutes lettres qui ne rentrent dans aucune des catégories précédentes sont remises par les dépouilleurs au service des Divers.

Ce service, qui augmente à mesure que le courrier se complique et qui comprend plus de 20 collaborateurs, relit toutes les lettres.

Ce sont des plis officiels, des listes de disparus, des demandes de secours, d'enquêtes, d'échange de blessés, des cas compliqués et spéciaux qui doivent être transmis aux autorités compétentes, etc., etc.

Le service des Divers procède à un premier tri général qui sert en même temps de contrôle. Les lettres sont divisées en trois catégories :

1) D. O. M. par abréviation pour Dollfus (soit Administration générale), Orient, Moynier ;
2) Français ;
3) Allemands.

La première de ces catégories comprend les lettres devant être vues par l'Administration générale, celles relatives à des prisonniers du théâtre oriental de la guerre, et celles ayant trait à de l'argent (mises par erreur aux Divers et qui doivent passer d'abord à la Trésorerie); de plus, des lettres concernant des Anglais, des civils ou des sanitaires.

Les deux autres catégories comprennent tout ce qui a rapport à des militaires français ou allemands, et ne rentrant pas dans le D. O. M. Trois ou quatre personnes suffisent en moyenne pour ce premier tri, qui se fait assez rapidement. A chacune des trois divisions correspond un service qui procède alors à un classement plus détaillé:

Les lettres faisant mention d'argent sont remises à la Trésorerie munies du timbre « Retour à Divers »;

elles doivent revenir aussitôt après avoir passé par la Trésorerie pour suivre alors la filière des autres lettres.

Le service le plus chargé et peut-être le plus délicat est celui des « Français » : un quart environ des lettres doivent être remises au service des Enquêtes spéciales et sont à cet effet divisées en : *a)* valides, b) blessés, c) décédés. On met aussi à part les enquêtes à faire dans les régions occupées. Il y a encore d'autres subdivisions qui ne sauraient être toutes mentionnées.

Le service des Divers répond par simples accusés de réception dans les cas faciles à liquider et ne demandant pas de réponse spéciale. Dans les autres il ne s'attache jamais dans sa réponse au fond de la question qu'il n'a pas à traiter.

Il ne fait que fonction de classeur minutieux, attribuant à chaque service spécial les lettres qui le concernent, et lui laissant le soin d'y répondre.

4. — *Administration générale.*

L'Administration générale s'occupe de liquider les lettres spéciales, celles qui sortent du courant ordinaire.

Il y a d'abord toutes les lettres officielles, relatives aux rapports de l'Agence avec les divers Comités de Croix-Rouge. Elle les remet au Comité ou répond elle-même en gardant copie des lettres principales, qui sont classées dans une série de dossiers.

Elle s'occupe ensuite de la centralisation et vérification des nombreuses demandes de renseignements qui arrivent journellement sous forme de fiches toutes prêtes (parfois plus de 1.000 par jour).

Elle veille, en conformité du principe de l'Agence, (Chap. I), aux abus pouvant résulter de demandes émanant d'une même personne, révélatrices parfois d'une spéculation quelconque. Elle tient dans ce but un « livre noir » dans lequel sont consignés les noms des personnes, déjà fort nombreuses, dont les demandes doivent être retournées avec prière de donner le nom et l'adresse des familles.

Elle s'occupe des réclamations ayant trait à des colis non délivrés.

Elle pourvoit à quatre services peu connus mais qui sont fort utiles, à savoir :

> *a*) les grands blessés ;
> *b*) les secours aux nécessiteux ;
> *c*) les reliques ;
> *d*) les réclamations sur les camps.

a) *Les « grands blessés » ou « grands malades ».* — L'échange des blessés définitivement invalides et des prisonniers atteints de maladies incurables provoque de nombreuses demandes, qui sont classées dans des dossiers spéciaux. On accuse réception de chaque lettre, purement et simplement, lorsque le cas semble indiscutable (amputation, paralysie, cécité) ; dans des cas douteux, on s'efforce de faire préciser la nature de la blessure.

Un dossier se trouvera ainsi tout prêt et à la disposition du Comité le jour où l'échange pourra se réaliser.

b) *Secours aux nécessiteux.* — Des lettres ayant révélé la situation précaire de nombreux prisonniers nécessiteux, dont les familles, habitant les territoires envahis ou la Belgique ne pouvaient ni avoir de leurs nouvelles ni leur faire le moindre envoi, un service de secours fut organisé en leur faveur. Les divers dicastères de l'Agence furent instruits de remettre à l'Administration générale toutes les lettres contenant des demandes de secours. Puis, la Direction des douanes ayant consenti à nous remettre les colis « rebuts », soit ceux dont le destinataire était insuffisamment désigné et l'expéditeur inatteignable, et le Département fédéral du Commerce ayant autorisé l'Agence à exporter des lainages, de grandes armoires à claire-voie, mais fermées à clef, furent établies au sous-sol du Musée Rath pour ce service spécial. Les colis sont ouverts et leur contenu est classé dans les armoires par genre: bas, tricots, chemises, tabac, provisions, etc. Puis on refait des paquets complets, qui s'expédient au fur et à mesure des demandes.

Quelques personnes de bonne volonté s'intéressent à cette œuvre spéciale et fournissent, sur indication, le genre d'objets qui manquent pour compléter certains paquets. C'est ainsi que chaque vendredi, une dame de la Croix-Rouge française arrive du Midi, chargée des objets réclamés la semaine précédente, et repart avec une nouvelle liste de demandes à satisfaire.

Du 21 décembre au 31 janvier, 851 prisonniers ont pu être ainsi secourus.

c) *Reliques.* — Assez souvent, des hôpitaux ou des particuliers nous envoient des objets trouvés sur des morts. Un état est dressé de ces reliques, lesquelles sont ensuite envoyées avec toutes pièces justificatives au Bureau de renseignements du ministère de la Guerre à Paris ou à Berlin, chargé de les remettre aux familles. Un double, restant à l'Agence, conserve la trace de ces envois, et mention en est portée sur la fiche de l'intéressé.

d) *Réclamations sur les camps.* — Les réclamations relatives à la livraison de la correspondance dans les camps d'internement sont nombreuses. Lorsqu'elles ne donnent pas lieu à une enquête spéciale, elles sont classées, soit en original, soit sous forme de fiches. Le relevé en est fait de temps à autre, camp par camp, afin de permettre au Comité de faire une démarche officielle, basée sur tout un ensemble de révélations.

Divers services incombent encore à l'Administration générale. Mentionnons les suivantes :

Timbres. — Tous les timbres trouvés dans les lettres

sont mis de côté tous les jours, classés par pays et vendus au profit de l'œuvre, par l'entremise d'une banque de la place.

Fournitures. — Deux personnes sont chargées de contrôler l'arrivée de toutes les fournitures et imprimés, de les classer, les distribuer, d'aviser lorsqu'ils s'épuisent, de vérifier les factures pour le trésorier.

Paquets. — Le service des colis fait l'objet d'un chapitre spécial. Rappelons seulement :

que nous expédions des paquets pour tous les pays, en préconisant l'envoi par nos soins, qui permet un certain contrôle ;

que nous envoyons dans ce but de nombreuses lettres circulaires contenant les indications utiles ;

que le service des envois collectifs par wagons complets pour les prisonniers nécessiteux, fonctionne depuis le commencement de 1915 entre la France et l'Allemagne, grâce aux Comités de secours constitués à Paris et Berlin.

Nous donnons pour ces envois collectifs aux intéressés comme instructions : de s'entendre avec le Comité de la Croix-Rouge le plus proche de leur résidence, pour le groupement de ces colis et leur concentration à Paris ou à Berlin.

Section 2. — Service d'expédition et mouvement du courrier

A) *Le courrier arrivant* a déjà été mentionné dans le chapitre précédent. Ajoutons ici que, pour en faciliter le tri, des fichets ou estampilles doubles gommées ont été créés, de couleur différente pour les divers dicastères. La partie gauche se colle sur la lettre qui part, elle invite le correspondant à coller, sur l'enveloppe de sa réponse, la partie droite qui porte le nom ou les initiales du service expéditeur et un numéro d'ordre. A l'arrivée du courrier, le classement des enveloppes munies du fichet s'opère aisément.

Tandis qu'en octobre et novembre, on comptait jusqu'à trois fois plus de lettres françaises que d'allemandes, cette inégalité a sans cesse diminué depuis. En décembre, il y avait égalité ; dès lors les demandes allemandes deviennent plus nombreuses, pour atteindre actuellement un total double des françaises. Les envois périodiques de lettres d'Allemagne qui nous sont retournées par la Croix-Rouge française sont pour très peu de chose dans ce changement. Le nombre moyen de lettres reçues qui avait dépassé en novembre 1914, 25.000 par jour a continué à diminuer en décembre-janvier ; il varie actuellement entre 3 et 6.000 par jour.

B) *Le courrier partant* a, depuis la constitution des services d'enquêtes, toujours dépassé d'un peu le courrier d'arrivée. Depuis que la correspondance pour la France occupée, la Belgique et le Luxembourg n'est plus transmise, ou seulement très irrégulièrement, le travail principal du service consiste en un contrôle aussi minutieux que possible du courrier partant.

Le tri se fait déjà au service du dépouillement pour les communications à destination de la Belgique et des Départements français envahis. Les lettres pour les autorités militaires, les chefs de lazarets de ces régions sont adressées à la Croix-Rouge de Berlin, qui se charge de leur transmission. Il en est de même des lettres pour prisonniers soignés dans les hôpitaux des pays envahis. En effet, alors même que pour ces derniers, l'acheminement direct est théoriquement admis, l'expérience a démontré que la poste ne distingue souvent pas, et refoule également toutes les lettres destinées à ces pays.

Les lettres pour les différentes Agences sont expédiées par enveloppes.

Copenhague 8-10 plis en moyenne par jour, chaque pli contenant 15 à 20 lettres

Vienne..... 6-7 id.
Londres.... 1-2 id.
Nisch...... 1-2 id.

Le maximum a été 61 plis en une journée.

C) *Retours et rebuts.* — Leur nombre varie journellement de 100 à 400. Le triage en est souvent long et difficile. Ce sont, entre autres, les renseignements français et allemands non parvenus à destination, les avis de décès, ainsi que les lettres à des prisonniers revenant avec la mention « mort », ou « inconnu à... », etc.

Ces dernières sont remises sous enveloppe et versées aux « adresses incomplètes », c'est-à-dire jointes aux lettres destinées aux prisonniers, mais insuffisamment adressées, et sont avec celles-ci périodiquement envoyées : les allemandes, au ministère de la Guerre, Bureau des renseignements pour prisonniers, les françaises, anglaises, belges, au Postamt n° 24, Berlin.

Depuis que Paris et Berlin ont admis l'envoi de ces lettres à adresses incomplètes et ne les ont plus refoulées, comme précédemment, soit dès le 14 décembre 1914, ont été expédiées (au 31 janvier 1915)

à Paris   1.415 lettres et cartes
à Berlin   2.722

Les autres *retours* sont remis aux différents dicastères de l'Agence qu'ils concernent. Ce service exige un contrôle exact et la réfection d'un très grand nombre d'adresses.

A cette expédition viennent s'ajouter :

les « recommandés », dont le nombre a beaucoup diminué depuis que la franchise de port n'est plus accordée pour eux et qu'ils ne sont plus acceptés pour les prisonniers ;

les télégrammes, à faire partir deux fois par jour.

le timbrage et l'expédition des lettres aux prisonniers, qui de 4 à 5.000 qu'elles ont été au maximum par jour sont tombées de 1.000 à 1.500 en moyenne, depuis que la correspondance directe entre les familles et les prisonniers est admise, et, sinon rapide, au moins régulière.

Section 3. — Colis

Le service des colis destinés aux prisonniers de guerre a été confié à une maison d'expédition de notre ville.

Dans les premiers jours de septembre, les colis étaient au nombre de 100 à 150 par jour, chiffre qui a suivi très rapidement une marche ascendante telle qu'en octobre ce service dut être scindé en deux parties. L'un est resté dans les bureaux de la maison, où un local a été affecté spécialement à la réception des paquets en provenance de la Suisse ou apportés journellement de Genève et des environs.

L'autre a été organisé dans les locaux de l'Administration des postes suisses à la gare de Genève-Cornavin, pour recevoir et réexpédier les colis en provenance d'Allemagne, d'Autriche et de France. Ce dernier service, dans le courant de novembre et décembre, a pris des proportions tellement formidables que l'Administration des postes suisses s'est vue obligée de supprimer radicalement toutes les formalités administratives d'inscription et de contrôle.

Malgré cette semplification il fallut engager pour ce travail de transit des employés rétribués, au nombre de 14, dont la besogne intense a été heureusement facilitée par de nombreuses personnes de bonne volonté, 76 au maximum, qui ont prêté gracieusement leur concours.

Les colis expédiés par la maison s'élèvent à fin janvier, en chiffres ronds, à 65.500. Le bureau de transit de la gare a expédié du 25 octobre 1914 au 31 janvier 1915, 720.500 colis.

Des démarches ont été entreprises auprès des Administrations douanières françaises et allemandes, ainsi qu'auprès des Croix-Rouges, pour la suppression des droits de douane, en conformité du Règlement de La Haye de 1907, et dès le 25 novembre les colis destinés à des prisonniers de guerre ont été admis en franchise de tous droits d'entrée.

L'Agence a aussi demandé et obtenu la suppression des déclarations pour la douane. Le bulletin d'expédition seul a été maintenu.

Indépendamment de ces services, qui d'une façon générale ont fonctionné à la satisfaction de tout le monde, un service spécial pour le transport des dons collectifs par wagons complets a été inauguré à la date du 22 décembre. Déjà, à la fin de l'année 1914, 3 wagons de provenance française à destination de l'Allemagne et 7 wagons de provenance allemande pour des prisonniers allemands en France, ont passé par Genève, sans aucune difficulté aux frontières. Ce mouvement de wagons continue dans les deux sens.

CHAPITRE VI

Service de dactylographie

Ce service sert de pont, en quelque sorte, entre les deux grands courants de l'Agence : celui des demandes et celui des réponses. En effet, il est chargé à la fois de la confection des fiches-demandes et de la copie des listes de prisonniers (renseignements) qui arrivent de France ou d'Allemagne.

Il s'y confectionne journellement 3.000 fiches françaises, allemandes, anglo-belges et japonaises. Et l'on y copie 2 à 350 listes de prisonniers par jour.

Ces listes sont toutes collationnées par un groupe de 12 personnes, qui confectionnent aussi, à côté de ce travail, des fiches à la main. Ce collationnement est un travail minutieux, long et très difficile, les documents étant souvent presque illisibles.

Outre ces deux activités principales, confection de fiches et copie de listes, le bureau des dactylographes établit, par dizaines d'exemplaires, différents formulaires pour les divers services de l'Agence.

Des dactylographes, enlevées souvent à ce bureau, sont affectées aux services du Musée Rath, et parfois en permanence. Et les arcades de la rue de Hollande n'ont point l'exclusivité du clapotis de la machine, si elles en ont le maximum de tapage.

Ce sont en effet 50 machines en moyenne qui travaillent à la fois. Leur nombre total est de 64. Elles sont louées et entretenues par les fournisseurs dans des conditions exceptionnelles de bon marché.

Le recrutement des dactylographes-femmes se fait difficilement, en raison surtout de la connaissance insuffisamment approfondie de l'allemand.

CHAPITRE VII

Les fiches

Section 1. — Moisson générale ou travail préliminaire

Toutes les demandes de recherches, qu'elles concernent des militaires ou des civils, des allemands ou des « alliés », doivent être transcrites sur des fiches blanches.

La « moisson », soit le service qui reçoit de tous les côtés les fiches et les trie, voit arriver journellement 3 à 5.000 fiches, dactylographiées ou faites à la main. Le principal appoint est fourni par les dactylographes et le service des M II, qui concerne les demandes ; mais chacun des départements de l'Agence y envoie encore, soit des fiches de demandes, confectionnées à la réception, soit des fiches de renseignements complémentaires ou d'enquêtes, lesquelles doivent repasser par le classement préliminaire avant de trouver respectivement leur place aux fichiers définitifs. La quantité de ces fiches varie suivant les jours.

Ce sont les « fiches-demandes ». Les « fiches-réponses » sont confectionnées d'après les listes de prisonniers envoyées par les autorités militaires, par les différentes sociétés de la Croix-Rouge, des institutions, hôpitaux ou particuliers. Il arrive en outre de nombreux renseignements communiqués par les familles elles-mêmes, et qui doivent être pris en considération, c'est-à-dire « fichés », pour éviter le fâcheux retour aux intéressés d'une information qu'ils ont fournie eux-mêmes.

Chacun des noms portés sur ces listes doit être reporté sur une fiche avec une indication suffisante pour permettre d'établir l'identité de l'individu.

Chaque fiche porte, outre le nom du prisonnier et sa désignation, une cote spéciale correspondant à la page du registre où se retrouve ce nom. Nous avons donc dans le travail de confection des fiches à distinguer :

1º Entre : les P. = prisonniers français, les P. B. = prisonniers belges, les P. A. = prisonniers anglais, † = les décédés des listes officielles, et les R (renseignements) ou C (communiqués), qui sont des renseignements reçus d'une autre source et concernant les alliés. Ces fiches sont vertes ;

2º Entre : les P. = prisonniers allemands, les Angl. B. = Allemands en Angleterre, les Jap. = Allemands au

Japon, les R. = renseignements moins officiels, sub-divisés eux-mêmes en R a. R b, etc. Ces fiches sont roses ;

3º Entre : les P. Civ. = prisonniers civils figurant sur les listes militaires, les Civ. = civils, portés sur les listes spéciales, et qui sont : Civ. all., en Angleterre ; Civ. ang., en Allemagne ou en Autriche ; Civ. autr., ou * soit civils prisonniers dans les colonies. Toutes ces fiches sont, comme les françaises, établies sur carton vert ;

4º Enfin S qui est la cote des sanitaires ; fiches blanches, roses ou vertes suivant la catégorie à laquelle ils appartiennent.

Ce travail, qui doit être soigneusement exécuté, est confié à une partie du personnel de la « moisson générale » travaillant de jour, et aux trois équipes du soir. La production quotidienne est de 5 à 6.000 fiches en moyenne ; plus elle est abondante, c'est-à-dire plus on peut tirer de renseignements des listes, plus les possibilités d'information se multiplient. Il ne faut cependant pas que la quantité nuise à la qualité : la moindre erreur dans la cote, une interversion de chiffres équivaudrait à la perte d'un renseignement souvent précieux et anxieusement attendu.

C'est pourquoi une première vérification se fait le soir même, et une seconde le lendemain matin avant que les fiches soient livrées à la « moisson générale ».

Ces quelque 10.000 fiches, demandes ou réponses, sont triées suivant leur catégorie (Allemands, Français, civils, sanitaires), puis classées alphabétiquement par la première lettre et déposées dans leur case respective. Les paquets ainsi formés sont ensuite distribués pour être classés par la seconde lettre, puis par la troisième, jusqu'au classement définitif, qui comprend le ou les prénoms, notamment lorsqu'il s'agit d'un Martin ou d'un Durand, d'un Muller ou d'un Schmidt dont il y a des centaines.

Enfin chaque paquet classé est serré dans un fichier que l'on fait encore passer sous les yeux d'un vérificateur avant d'être envoyé, vers la fin de l'après-midi, aux différents fichiers définitifs, qui sont ainsi fournis de travail pour le lendemain.

Au service de la « moisson générale », c'est une moyenne de 30 à 35 personnes qui travaillent du matin au soir. Mais le personnel y est flottant, composé en majeure partie de volontaires, venant le matin ou l'après-midi et qui ne font guère qu'un stage dans ce service avant de passer à d'autres. Il est indispensable qu'à côté d'eux fonctionne, comme c'est le cas, une équipe de personnes stables, dont quelques-unes salariées pour assurer la marche régulière de cet important rouage préliminaire.

Section 2. — Fichier français

A. — *Classement général des fiches*

Nous arrivons ici, après la transition que constituent le service de dactylographie et la « moisson générale », au second des deux courants dont nous parlions au début : le courant qui part, c'est-à-dire tout le travail nécessaire pour parvenir à envoyer aux familles des renseignements sur le sort de leurs disparus, ce qui est l'aboutissement des efforts de l'Agence.

Tout le système reposant sur la division, adoptée d'emblée, entre le service français (ou des alliés) et le service allemand, nous aurons deux sections distinctes. Celles-ci travaillent parallèlement et selon des méthodes analogues.

Le fichier anglo-franco-belge centralise toutes les fiches-demandes et fiches-renseignements concernant les Anglais, les Français et les Belges prisonniers en Allemagne. Les fiches blanches, correspondant aux deman-

des adressées par les familles, et les fiches vertes, portant
le renseignement venu d'Allemagne, arrivent journellement au fichier, déjà classées par ordre alphabétique.
Chaque arrivée de fiches porte le nom caractéristique
de « moisson ». La moisson varie suivant les jours et
oscille généralement entre 8.000 et 15.000 fiches, tant
vertes que blanches.

Les personnes chargées de la tenue du fichier se par-
tagent ces fiches et les intercalent dans la masse générale
dite « fichier définitif » par opposition à la « moisson ».

Le fichier définitif compte environ 800 boîtes de 1.000
à 1.200 fiches chacune (statistique de fin janvier 1915).
Ces 800 boîtes, réparties entre 18 bancs de cinq places
chaque, sont tenues et mises à jour par 60 à 80 personnes,
sur 100 inscrites.

Trois chefs de groupe distribuent la moisson, forment
les nouveaux arrivants, répondent aux questions posées
et assurent la bonne tenue générale du fichier.

Chaque personne travaillant au fichier a une tranche
alphabétique bien déterminée : ainsi la lettre P est par-
tagée entre 4 ou 5 personnes qui ont, l'une les noms
commençant par P A, une autre les noms commençant
par P E, etc. Chacune, travaillant continuellement sur
les mêmes noms, se familiarise avec eux, et la compétence
spéciale, acquise de la sorte, est particulièrement précieuse
s'il s'agit d'une série alphabétique riche en homonymes.
Imagine-t-on les difficultés de classement que présentent par exemple les trois boîtes uniquement consacrées
aux disparus portant le nom de Martin. Pareillement
les Durand, les Moreau, les Lefèvre, Lefebvre, Lefèbre,
les Gautier, Gauthier nécessitent une attention toute
particulière, avec fiches de renvoi d'un prénom à un autre,
la fiche principale étant classée au premier prénom énoncé

Fiches blanches et fiches vertes sont mélangées indis-
tinctement dans une seule série alphabétique. Il s'ensuit

qu'automatiquement pour ainsi dire, la fiche blanche de demande se trouve rapprochée de la fiche verte de renseignement.

Lorsque deux fiches concordent absolument, la référence trouvée sur la fiche verte est reportée au crayon sur la fiche blanche et celle-ci est envoyée immédiatement au service des Réponses.

Les fiches de demandes arrivent fréquemment en double ou en triple, plusieurs personnes demandant des nouvelles du même disparu, ou la même personne renouvelant plusieurs fois sa demande. Il est alors nécessaire de fondre en une seule toutes ces fiches et de détruire les doublets. Une quinzaine de personnes sont employées sans arrêt à ce travail minutieux et délicat. Il faut, en effet, veiller à ne pas confondre deux soldats de même nom, prendre soin de compléter la fiche principale avec les renseignements particuliers trouvés sur les autres fiches. Les familles ne se doutent pas du surcroît de travail qu'elles donnent à l'Agence en renouvelant continuellement la même demande ou en faisant écrire par des amis alors qu'elles ont déjà écrit elles-mêmes à la Croix-Rouge.

B. — *Renseignements complémentaires*

Les Renseignements complémentaires occupent journellement 4 à 5 personnes. Deux autres travaillent uniquement à la confection des fiches de complément.

Constamment les familles, qui ont déjà fait une demande, écrivent de nouveau, pour nous communiquer quelque détail oublié qu'elles jugent utile à notre enquête. Souvent elles nous préviennent qu'elles sont maintenant renseignées sur leur disparu, qui n'avait pas quitté la France, qui a donné lui-même de ses nouvelles en Allemagne ou dont on a reçu l'acte de décès.

Faire en sorte que ces renseignements soient reportés sur la fiche primitive, soit directement, soit au moyen d'une fiche nouvelle R C (renseignement complémentaire) qui ira doubler la première, tel est le rôle de ce service. Il faut, en effet, d'une part que nos fiches soient aussi complètes que possible pour faciliter l'identification, d'autre part éviter de renvoyer aux familles des renseignements qu'elles nous avaient elles-mêmes donnés.

Ce service se charge en outre de la vérification des cas douteux, des erreurs, des transmissions mal comprises par les intéressés.

On se représente, sans doute, qu'une demande étant enregistrée, la réponse se trouve sur une des listes allemandes et qu'il n'y a plus qu'à prévenir la famille. Certes, il en est ainsi souvent et nous pouvons alors dire à coup sûr : « Le militaire que vous recherchez est signalé dans tel camp, ou tel lazaret. » Mais, dans bien des cas, ce n'est pas si simple. Les similitudes de noms, les indications incomplètes des listes reçues, sont des sources d'erreurs. Parfois tout concorde, mais l'orthographe présente quelque différence. Est-ce une erreur de copiste ? Alors l'indication est peut-être valable. Ces renseignements-là sont transmis sous une forme dubitative en priant les familles de prendre, auprès des autorités françaises, toutes les informations nécessaires, et de juger elles-mêmes s'il s'agit de celui qu'elles recherchent ou d'un homonyme.

Les réponses qu'amènent ces transmissions douteuses arrivent au service des R C, qui doit noter sur la fiche si le renseignement concorde ou non. Il a souvent la tâche délicate de tirer d'un dernier doute les parents anxieux, qui ne peuvent se résigner à accepter une mauvaise nouvelle, ou renoncer à se réjouir d'une bonne. Par la comparaison du signalement et des dates, on cherche à leur indiquer le *probable* à défaut du *certain* et, si cela ne suffit pas, le département des Enquêtes spéciales vient à la rescousse.

C. — *Enquêtes spéciales*

Il arrive souvent que les familles posent des questions particulières qui ne rentrent dans aucune catégorie prévue. Comment correspondre avec tel camp ? Quelles sont les formalités à remplir pour obtenir tel acte officiel ? Vers quel lieu d'internement a-t-on dirigé les prisonniers de tel régiment ? Tel renseignement donné par une Agence privée ou une Croix-Rouge est-il authentique ? etc.

Dans la plupart des cas, le bureau des Enquêtes spéciales peut répondre directement.

Une subdivision du service est spécialement chargée de procéder aux vérifications (mentionnées au paragraphe précédent) et aux communications qu'elles entraînent, et envoie, de ce fait, 3 à 400 lettres par jour.

Mais, lorsque la consultation du fichier révèle que l'Agence ne possède pas tous les éléments de la réponse à donner, elle s'adresse à l'autorité compétente qui peut les lui fournir. Seul un aumônier peut répondre lorsque les parents d'un soldat, mort en Allemagne, désirent savoir quels secours religieux lui ont été offerts, quelles circonstances ont accompagné son décès, quels soins ont été donnés à sa sépulture, quels objets personnels ont été recueillis. Seul un commandant de dépôt est qualifié pour dire si tel ou tel prisonnier, présumé interné dans ce camp, s'y trouve bien en réalité. Seul un médecin peut donner des nouvelles récentes et détaillées sur l'état sanitaire des blessés qu'il soigne.

Chacun de ces cas fait l'objet d'une étude minutieuse ; les requêtes qui ne paraissent pas suffisamment fondées sont écartées, sauf à les reprendre lorsqu'elles paraîtront mieux justifiées. Il importe, en effet, de ne pas lasser la complaisance des autorités auxquelles l'Agence recourt; il ne faut pas risquer de faire double emploi, de ne pas atteindre la personne compétente, ou de provoquer une réponse inadéquate.

Ce service centralise aussi les renseignements de toute nature qui parviennent à l'Agence par une autre voie que par la Croix-Rouge de Berlin. Il fait transmettre, par le service des Réponses, ces renseignements aux familles dont il possède l'adresse, et classe dans une série spéciale ceux qui doivent prendre place dans le fichier.

Son travail est grandement facilité par le classement préliminaire opéré au service des Divers (voir chap. V, sect. 1, lettre f, p. 15).

Le département des Enquêtes spéciales occupe 48 personnes, dont 26 en moyenne sont présentes à la fois.

D. — *Réponses*

C'est dans ce service que s'effectue le dernier travail, la transmission des nouvelles aux familles.

La fiche-demande ayant rencontré au fichier la fiche verte concordante, a été annotée de la cote que porte cette dernière. Cette cote signale qu'à telle page des listes officielles allemandes, se trouve mentionné un soldat de même nom, prénoms et affectation que le soldat recherché.

Il s'agit d'abord de vérifier sur les listes l'exactitude de cette cote, puis de voir quelle indication de blessure, de date et de lieu d'internement figure en face du nom du soldat. C'est de ce travail que s'acquittent les « bureaux ». Chaque bureau est constitué par deux personnes. L'une appelle le numéro porté sur la fiche, l'autre vérifie à la page indiquée l'identité entre le recherché et le prisonnier signalé. Si cette identité est complète, on transcrit à l'encre rouge sur la fiche le renseignement trouvé, par exemple :

P. 8252. Marchal Paul. 154° -8, pris à Charleroi,
Gefangenenlager Darmstadt

Si l'identité n'est pas absolue mais probable, c'est-à-dire si le prénom ou le numéro de compagnie est différent, on emploie la formule prudente : « il y a un Marchal, Paul, etc., »...

Les fiches ainsi annotées sont déposées dans les « boîtes des secrétaires », lesquels sont chargés de transcrire sur des formulaires *ad hoc* le renseignement relevé sur la fiche. La formule est différente, ainsi que l'indique l'exemple ci-dessus, suivant que le renseignement est certain ou qu'il n'est qu'approximatif.

Le même travail s'effectue, avec la même distinction, pour les morts. Mais les communications aux familles se font alors par lettres dactylographiées, sous enveloppe, moins laconiquement que par formulaires et avec une formule de sympathie et de respect.

Les listes officielles ont été brochées par fascicules de 200 pages, appelés « consultatifs ». Il est à remarquer, que dans les débuts chaque « bureau » travaillait sur un nombre de pages variant de 400 à 600. Mais à mesure que les listes deviennent plus anciennes, il y a moins de fiches s'y rapportant. Si bien qu'aujourd'hui un seul bureau consulte les pages 1-8000 des listes allemandes, alors que l'on doit diviser les nouvelles listes par 50 ou même 25 pages, durant les deux premiers jours qui suivent leur arrivée, en raison du nombre de fiches-demandes concordant avec les listes nouvelles. Ce fait même prouve à quel point est normal et fécond le fonctionnement du fichier. On pourrait dire que l'arrivée de nouvelles fiches vertes est comme l'infusion d'un sang nouveau dans un organisme dont l'activité se ralentissait. La condensation des bureaux travaillant sur les listes anciennes a permis au personnel de satisfaire à la tâche et aux locaux de suffire, bien que le nombre de listes et de fiches augmente nécessairement chaque jour.

Il y a 80 personnes environ inscrites au service des Réponses. Elles représentent en moyenne 35 présences quotidiennes et régulières, qui accomplissent ce travail. Les collaborateurs se divisent en 12 « buralistes » environ. Les autres sont « secrétaires ». D'ailleurs chaque collaborateur s'acquitte alternativement d'un travail ou d'un autre, si bien que la souplesse de l'équipe est complète et que suivant les nécessités du moment on porte l'effort laborieux sur tel ou tel point.

Trois dactylographes en permanence (qui s'augmentent parfois de deux autres, aux jours de besogne accrue) rédigent les communications de décès. La moyenne des réponses envoyées à des familles durant les trois derniers mois a été de 800 par jour environ. Elles se sont élevées parfois jusqu'à 1.200. Nous n'avons guère plus de 10 à 12 retours postaux par jour.

Depuis le 20 décembre 1914, le service des réponses françaises a absorbé les réponses belges et les réponses anglaises. Les « consultatifs » sont constitués par des listes spéciales. Mais le mode de travail est identique.

Section 3. — Fichier allemand

Le parallélisme entre les deux fichiers (Sect. 2 et 3) nous permet d'être bref.

A. — *Classement et réponses*

Les bases du travail de ce fichier sont, ici aussi, les listes et documents.

Ils sont de diverse nature.

a) 1° Listes officielles, émanant du ministère de la Guerre de France, de prisonniers allemands en France (2060 pages à fin janvier) ;

2° Listes officielles de Londres, de prisonniers allemands en Angleterre et dans les colonies anglaises (845 pages) ;

3° Listes officielles de Tokio, de prisonniers allemands au Japon (30 pages) ;

b) Listes inofficielles envoyées par des ecclésiastiques ou des personnes de bonne volonté.

Il est procédé comme pour les français. Les fiches-demandes sont blanches ; les fiches-réponses sont roses.

Fiches roses et fiches blanches sont classées par ordre rigoureusement alphabétique dans de longs fichiers. Le travail des 34 « fichistes » consiste à réintercaler chaque jour les fiches nouvelles et à extraire les fiches blanches concordant avec les fiches roses.

La fiche blanche munie du numéro du document porté sur la fiche rose est donnée au service des « transmissions » (ou réponses).

Ce service fonctionne comme au fichier français. Divisé en deux équipes interchangeables, il commence par préparer la transmission. Sont à noter sur la fiche blanche le lieu d'internement, la blessure, la mutation du prisonnier. Puis il rédige, sur un formulaire, les renseignements à envoyer à la famille. Les décès sont communiqués à part sous forme de lettres.

Nous envoyons chaque jour de 100 à 300 renseignements ; notre chiffre le plus fort, 315, a été atteint le 14 janvier. Les arrivées des listes officielles, malheureusement rares et espacées, font de suite grossir le total de nos transmissions.

Trois personnes sont sans cesse occupées à fusionner les doublets, qui sont ensuite détruits.

La direction est secondée par un chef de groupe chargé des recherches pour enquêtes, « négatifs [1] », retours de poste, « urgents [2] ».

Le fichier allemand est en relations constantes avec le service de Correspondance et enquêtes dont il doit être le docile instrument.

Statistique à fin janvier : 180 fichiers, 180.000 fiches, soit 95.000 fiches-demandes blanches, 85.000 fiches-réponses roses.

Personnel : 34 fichistes ; 15 transmetteurs ; 3 doublettistes ; 1 chef de groupe : 1 directrice.

B. — *Correspondance et enquêtes*

Ce bureau fonctionnait jusqu'au 12 janvier presque indépendamment du « grand fichier » (allemand), d'après un registre de fiches spéciales, sur lesquelles étaient inscrites les demandes d'enquêtes spéciales et les réponses obtenues.

Ce manque de lien entre les deux services produisait des confusions regrettables. Pendant que le bureau de Correspondance faisait une enquête et que la famille du prisonnier attendait la réponse, au grand fichier arrivait un renseignement périmé, que l'on communiquait à la famille à l'insu du bureau d'Enquêtes. D'autre part, au fichier dormait parfois un renseignement qui aurait pu éviter de faire l'enquête.

Pour parer à ces inconvénients, le service de Correspondance envoie maintenant au grand fichier une fiche provisoire avec la mention « enquête », et réunit toutes les fiches originales dans son « fichier-correspondance », en y notant, au fur et à mesure, le journal de l'enquête.

---

[1] Voy. ci-dessous, p. 38.
[1] Voy. Chap. III, p. 5.

Celle-ci terminée, la fiche complétée retourne au grand fichier.

A ce fichier-correspondance sont attelées 3 personnes du matin au soir.

Les enquêtes ont chacune leurs formulaires spéciaux et se divisent en deux groupes :

1° *Enquêtes sur vivants*, qui concernent les demandes de nouvelles des valides, des blessés et des malades, les questions de correspondance, les transferts des prisonniers dans d'autres dépôts, etc.

2° *Enquêtes sur décès*, qui ont pour but d'obtenir pour les familles tous les renseignements possibles sur le lieu et la cause de la mort, les sépultures, successions, etc. Les documents reçus, souvent complets, signés et timbrés, constituent une pièce semi-officielle de grande importance pour les familles, à défaut de l'acte de décès. Nous ne demandons jamais celui-ci, mais en recevons quelquefois des copies. Nous rencontrons beaucoup d'amabilité et de bonne volonté auprès des commandants de dépôts, directeurs d'hôpitaux, maires, etc., et ne nous sommes heurtés que très exceptionnellement à des fins de non recevoir.

Les enquêtes sont réparties entre nos collaborateurs d'après les régions. Cela évite des démarches faites à double et chacun apprend à connaître à fond son champ de travail, au point de vue géographique et psychologique, les commandants n'étant pas tous de même caractère.

Le service des enquêtes sur vivants et sur décédés occupe environ 17 personnes. La correspondance par télégrammes se chiffre en moyenne par 25 dépêches reçues par jour, et 30 expédiées. La moyenne des enquêtes faites pendant la période de réorganisation du système n'a été que de 50 par jour ; elle doublera certainement d'ici peu.

Le nombre des réponses envoyées aux familles par le service de Correspondance est identique à celui des enquêtes faites en France et en Angleterre. Le tiers de ces réponses est négatif : le prisonnier ne se trouve pas dans le dépôt indiqué par la famille. Les deux autres tiers sont des réponses affirmatives et souvent détaillées.

Nous avons lancé une circulaire aux directeurs d'hôpitaux dans l'espoir d'obtenir de petites listes récentes avec l'adresse des familles ; 500 exemplaires ont été expédiés, mais il est encore trop tôt pour avoir les réponses.

Un «fichier-registre» des dépôts, hôpitaux, ambulances, etc., a été établi d'après les listes du ministère de la Guerre de France, et d'après les renseignements saisis au vol dans la correspondance ; nous disposons ainsi de plus de 1.000 adresses, dont le nombre augmente journellement.

Un service des demandes renouvelées, dites « négatifs », a été organisé. Il consiste dans la vérification immédiate au fichier de la présence d'une fiche demande et de l'absence de renseignements. On répond à la famille au moyen d'un formulaire spécial.

Ce service, qui est un second lien constant avec le grand fichier, occupe 5 personnes et arrive à dépasser 200 réponses par jour.

Le service des *renseignements complémentaires* en est encore à ses débuts. Ce que nous en avons dit à propos du fichier français suffit à faire comprendre ce rouage.

CHAPITRE VIII

Service de statistique

Le service de statistique est né le 13 octobre 1914 seulement. Il s'agissait surtout d'encourager les collaborateurs, en faisant afficher le résultat de leurs efforts, c'est-à-dire le nombre de renseignements communiqués chaque jour aux familles. Peu à peu le service s'est compliqué. Il a paru intéressant de se rendre compte quel était, pour ainsi dire, le rendement de chaque département, français, allemand, anglo-belge, civils, télégrammes, et, chaque semaine, des tableaux ont été dressés et distribués à chaque dicastère. Puis, à la presse des communiqués ont été régulièrement adressés deux fois par mois, portant, à côté du chiffre des renseignements communiqués, le nombre des visiteurs venus à l'Agence. Depuis quelque temps, enfin, de petits tableaux supplémentaires ont été établis pour chaque chef de service, où le détail du rendement de son équipe est clairement exprimé.

Pour obtenir ce résultat, il faut chaque soir aller de service en service, attendre que tout le monde ait terminé sa tâche, puis consigner les résultats sur un agenda. En outre, et pour le service français seulement, il faut compter, vérifier et trier toutes les cartes et lettres adressées aux familles des prisonniers.

Ce résumé ne peut donner qu'une faible idée de l'intérêt passionnant du travail : comme le médecin, le doigt sur le pouls de son client, peut se rendre compte de l'état de sa santé, ainsi chaque soir les personnes préposées à la statistique savent si tel service a eu son équipe habituelle, si des listes sont arrivées, à quel résultat enfin a abouti l'effort de la journée.

CHAPITRE IX

Trésorerie

Le service de comptabilité, qu'on a dénommé plus tard « la Trésorerie » a eu, comme les autres, des débuts très modestes. Le trésorier du Comité international suffisait seul à cette tâche. Mais le développement rapide de l'activité de l'Agence a entraîné celui de ce service spécial, et le nombre des collaborateurs a constamment augmenté. Ils sont aujourd'hui au nombre de 32, en majorité volontaires.

Déjà vers la fin d'octobre, la grande extension prise par le service des mandats postaux obligeait à renoncer aux livres de comptabilité et à adopter un système de fiches qui a donné un excellent résultat. Il permet actuellement non seulement de suffire à la tâche, mais de parer à tout développement futur. Il est créé une fiche pour chaque somme reçue ou pour chaque lettre ayant trait à une question d'argent ; ces fiches sont classées par ordre alphabétique, d'après le nom des expéditeurs ; elles portent le nom et l'adresse du destinataire lorsqu'il s'agit d'une somme à transmettre, ainsi que toutes les indications nécessaires pour que les instructions de nos correspondants soient strictement observées. Toutes les recherches sont ainsi rendues faciles. Les casiers, en nombre respectable et toujours maintenus en bon ordre, contiennent à ce jour environ 25,000 fiches.

Les différents services dont se compose la Trésorerie sont :

a) *Les plis chargés ou recommandés*, dont la moyenne journalière est d'environ 200, quoique dans certains jours ce chiffre se soit élevé jusqu'à 4 et même 500. Il s'agit de reconnaître le contenu des plis, de faire une fiche pour chacun et de pourvoir à la correspondance qui s'y rapporte [1].

b) *La correspondance ordinaire*, qui incombe à un autre groupe. Beaucoup de lettres exigent des recherches dans le fichier ou des demandes de renseignements dans d'autres services. Souvent les sommes n'ont pas passé par notre intermédiaire, mais directement par le contrôle des postes à Berne, et nos correspondants ne le saisissent pas toujours.

c) Le service *des mandats postaux* est un des plus importants, puisque nous recevons journellement une moyenne de 300 mandats, dont la plupart sont à transmettre individuellement aux prisonniers destinataires. Si leurs adresses ne sont pas connues, ces sommes restent en consigne, en attendant soit des explications de l'expéditeur, soit un renseignement sur le lieu d'internement. Ce travail exige beaucoup de soins et de régularité. Il est accusé réception de chaque mandat reçu et les familles sont avisées de chaque expédition. Les talons des mandats sont régulièrement classés pour qu'une recherche soit possible en cas de réclamation, et il est tenu un registre spécial de tous ceux qui partent. L'Administration des postes suisses nous a toujours grandement facilité notre tâche.

Les envois arrivent à destination un peu lentement, mais de façon satisfaisante. Lorsque les destinataires ne peuvent être atteints, soit pour cause de décès, soit pour cause de changement de camp ou d'adresses insuffi-

---

[1] Voy. Chap. V, lettre d.

santes, les mandats nous sont remboursés, et nous en avisons de suite l'expéditeur. La proportion de ces retours est assez faible, elle varie entre 3 et 4 %.

d) *Le service des mandats télégraphiques* qui a été très actif pendant les premiers mois, a diminué depuis quelques semaines dans de très fortes proportions, les commandants des camps de prisonniers, tant en Allemagne qu'en France, n'acceptant plus ce mode de transmission. Un compte spécial ouvert aux télégraphes a très heureusement évité un mouvement d'espèces important.

e) Enfin *le service de caisse et des changes*. Beaucoup de nos correspondants nous transmettent des espèces, des chèques, des billets qu'il faut transformer, soit en mandats, soit en plis chargés. Les marks, les couronnes, les livres sterling, les roubles, les dollars, les lires, les dinars, sont négociés au change du jour et repartent transformés pour leurs nouvelles destinations.

Le total des sommes que nous avons transmises individuellement à des prisonniers de la part de leurs familles s'élève à environ 400.000 francs. Les dons spéciaux qui nous ont été adressés pour les victimes de la guerre (blessés, prisonniers ou autres), forment un total de 125.000 francs (y compris le don de 80.000 fr. de la République Argentine), qui ont été répartis au fur et à mesure de leur réception, selon les désirs exprimés.

Avouons enfin que nos frais généraux dépassent à ce jour 100.000 francs (y compris 25.000 francs de frais télégraphiques), et que cette somme est actuellement couverte par de généreux donateurs, au premier rang desquels se placent la plupart des Comités centraux de la Croix-Rouge.

CHAPITRE X

Département des civils et des sanitaires

Section 1. — Bureau civil

Le Bureau pour prisonniers civils s'est constitué, dans l'Agence, en vertu du principe humanitaire qui considère comme prisonniers de guerre tous ceux, quels qu'ils soient, qui sont retenus et internés comme ressortissants de la nation ennemie. Par extension, ce bureau a été amené à s'occuper aussi des personnes retenues dans les pays envahis et qui sont aussi, de ce fait, plus ou moins prisonniers de guerre.

Il arrive journellement au Bureau des civils une moyenne de 1.000 à 1.500 lettres, rentrant dans une des catégories suivantes :

A) *Lettres à faire suivre.* — Un premier triage a lieu pour séparer les lettres à faire suivre de celles concernant le Bureau. La proportion entre ces deux catégories est plus ou moins égale, avec prédominance toutefois, ces dernières semaines, pour les lettres à faire suivre.

Parmi celles-ci qui, semble-t-il, devraient reprendre sans autre le chemin de la poste, de nouveaux triages s'imposent. D'abord, pour séparer la correspondance des civils prisonniers de guerre, autrement dit les hommes aptes à porter les armes ou « mobilisables », d'avec celle des civils ne rentrant pas dans cette catégorie en tant que « non mobilisables. » Les lettres de cette dernière catégorie, 250 à 300 journellement, sont affranchies dans nos bureaux. Les autres, comme tout le courrier de l'Agence, bénéficient de la franchise de port.

Ensuite il faut séparer les lettres qui peuvent arriver à destination, de celles qui ne le peuvent pas, étant adressées à des correspondants retenus en Belgique, en Alsace, dans les Départements envahis du nord de la France, où la correspondance étrangère ne pénètre pas actuellement. Ce triage est délicat et long, il exige une connaissance exacte des localités occupées par les troupes des belligérants. Ces lettres retenues, déjà en nombre considérable, sont classées par régions et villes, de façon à être plus facilement retrouvées le jour où il y aura possibilité de les faire suivre. L'adresse de l'expéditeur est en général relevée, et une formule sur carte lui est envoyée pour l'avertir que sa lettre n'a pu être expédiée. Il fut une période, en décembre, où ces lettres à retenir arrivaient par milliers chaque jour ; actuellement leur nombre est tombé à une centaine environ.

B) *Lettres concernant la population des territoires envahis*. — D'autant plus nombreuses, par contre, sont les lettres qui arrivent pour nous demander de chercher à obtenir des renseignements sur les personnes restées sur le théâtre des hostilités. Ici le triage est assez délicat car quand bien même nous ne sommes pas absolument désarmés, il faut, pour les démarches à entreprendre, un certain doigté. Un petit nombre de nos collaborateurs se spécialisent dans ces enquêtes particulières.

C) *Lettres touchant les prisonniers civils*. — Il reste enfin les demandes concernant les prisonniers civils. Ce sont, en moyenne, 350 lettres à répondre journellement, qui sont groupées en deux paquets différents, en général d'importance à peu près égale, pour être remises à l'équipe française ou allemande du Bureau.

Ces correspondances consistent surtout en demandes de recherches sur des personnes disparues, réclamations sur le traitement que subissent les prisonniers, ou sur l'absence ou l'interruption des nouvelles, instances pour obtenir la libération d'internés divers, femmes, enfants, vieillards, malades, infirmes, blessés, et cent autres genres de requêtes souvent fort imprévues et propres à stimuler la souplesse d'esprit des collaborateurs du Bureau civil.

Cette catégorie se subdivise encore en trois :

a) *Les «mobilisables»*. — Parmi les prisonniers civils, il faut distinguer les « mobilisables », soit les hommes jugés aptes à porter les armes (en principe âgés de 17 à 60 ans, de fait trop souvent de 14 ou 15 ans à 70 ou davantage même). C'est la plus grosse correspondance du Bureau civil. L'on sait qu'il a été emmené en captivité des milliers de prisonniers civils de cette catégorie. Les démarches à faire pour ces malheureux, en général sans ressources, même sans vêtements pour l'hiver, sont d'autant plus nombreuses que souvent leur lieu d'internement reste pendant longtemps inconnu. Il aurait été indispensable que des listes de ces malheureux fussent rapidement établies et communiquées.

b) *Les « non-mobilisables »*. — Malgré le rapatriement des quinze à vingt mille civils effectué en novembre et décembre, rapatriement repris récemment par les soins du Bureau de Berne, les demandes adressées à notre Bureau concernant les « non-mobilisables », femmes, enfants, vieillards, infirmes, retenus prisonniers ou disparus, continuent à être nombreuses.

Cette catégorie se prête difficilement à l'établissement d'un fichier spécial et exige des démarches en grand nombre et souvent délicates.

Nous adressons au Bureau de Berne les demandes qui comportent la possibilité d'une démarche de rapatriement. Ce sont en moyenne 30 à 40 lettres par jour.

D'autres lettres concernant les « non mobilisables »

sont envoyées au Bureau féministe de Lausanne qui poursuit, sur ce point, une œuvre analogue à la nôtre, avec le concours des agences de protection des femmes et des jeunes filles, existant dans plusieurs villes d'Europe.

c) *Les otages*. — Enfin, les demandes concernant plus spécialement les « otages » sont acheminées sur le bureau fondé à Bâle en faveur de cette catégorie de prisonniers, sous le nom de « Commission des otages » et patronnée par le Comité international. Ces lettres, très peu nombreuses actuellement à notre Bureau, étaient fréquentes au début de la guerre.

Le Bureau a à s'occuper encore d'enquêtes en très grand nombre auprès des administrations civiles et militaires, de démarches diverses concernant la transmission des correspondances pour la Belgique et les régions occupées, de renseignements à donner aux familles sur informations fournies par les Commissions nationales des prisonniers de guerre, etc...

Le service des fiches (plus de 60.000 jusqu'ici) est organisé à l'instar des autres fichiers de l'Agence. Il comporte l'établissement d'environ 700 fiches journalières, reproduisant le numéro d'ordre des lettres auxquelles elles se rapportent.

Les listes de renseignements, reçues des Commissions de prisonniers des Croix-Rouges nationales, nous ont procuré jusqu'ici environ 20.000 fiches d'internés en Angleterre, 8.000 d'internés en Allemagne, 2.000 d'internés en France et un peu moins d'un millier d'internés en Autriche. Nous attendons encore bien des milliers de noms d'internés civils en France et davantage d'internés civils en Allemagne, pour être à même de répondre aux nombreuses demandes qui s'accumulent dans nos fichiers. Heureusement, le ministère de l'Intérieur de Paris vient d'annoncer le prochain établissement des listes d'internés en France et leur envoi à notre Bureau.

La Croix-Rouge japonaise nous a également informés de l'arrivée de listes d'internés civils de Tsingtao, et la Croix-Rouge anglaise d'internés dans les colonies. En attendant nous obtenons quelques réponses à nos demandes télégraphiques à ce sujet.

Le Bureau des civils compte près de 50 collaborateurs dont une quinzaine travaillant pendant la journée entière.

Une vingtaine de personnes, en outre, dépouillent le courrier ou font des fiches à domicile pour notre Bureau Malgré cette nombreuse collaboration, nous avons peine à suffire parfois au travail journalier.

Section 2. — Les Sanitaires

Cette section a dû se créer dans l'Agence dès les premiers mois de la guerre, les réclamations affluant toujours plus nombreuses au Comité international contre les violations de la Convention de Genève. Elles portaient tout spécialement sur les articles 9 et 12, qui assurent au personnel sanitaire le droit de n'être pas traité comme prisonnier de guerre et d'être renvoyé dans son pays dès que son concours n'est plus indispensable.

D'autres articles encore n'étaient pas exactement observés, entre autres celui qui assure à ce personnel, pendant qu'il est au pouvoir de l'ennemi, la même solde qu'au personnel des mêmes grades de son armée (art. 13), ou celui (art. 8) qui protège le personnel des ambulances, même armé et faisant usage de ses armes pour sa propre défense et celle de ses malades et blessés. Mais à cet égard les plaintes ont été moins fréquentes.

La tâche du bureau des Sanitaires de l'Agence consiste à recueillir ces réclamations et à les transmettre à qui de droit. Il reçoit journellement une cinquantaine de lettres à ce sujet, émanant de correspondants de tous les Etats belligérants, et concernant les centaines de médecins,

brancardiers, aumôniers, infirmiers militaires et infir-
mières de la Croix-Rouge, qui attendent leur libération.
Il adresse alors aux Comités centraux des Sociétés nationales de la Croix-Rouge, sous forme de listes ou de
demandes individuelles, les noms des « sanitaires » et
aumôniers en faveur desquels il demande l'observation
de la Convention de Genève.

La section des Sanitaires de l'Agence a, plus récemment,
ajouté accessoirement à son activité l'établissement de
listes de grièvement blessés et de malades incurables,
listes établies d'après les demandes adressées à l'Agence.
Elles serviront lors de la mise en œuvre de l'échange de
ceux de ces invalides dont la tâche est définitivement
terminée sur les champs de bataille.

***

Les chiffres suivants peuvent donner une idée du
travail de ce Département (Sections 1 et 2) depuis sa
création.

Lettres à faire suivre : 30 à 40,000 dont 8 à 10,000
concernant des prisonniers.

Lettres retenues vu l'impossibilité de transmission :
15 à 20,000.

Demandes de renseignements : 25 à 30,000.

CHAPITRE XI

Quelques totaux

Ainsi qu'on l'a vu, chaque section de l'Agence a fourni
quelques chiffres sur son travail. Une statistique complète serait le meilleur moyen de donner une idée juste
du mouvement de l'Agence et de l'activité de ses services.

Malheureusement, comme il a été dit, le développement de l'Agence a été si subit et si imprévu, que l'on a songé à liquider le travail journalier avant d'en mesurer l'étendue. Ce n'est que depuis le 15 octobre 1914 qu'une statistique des renseignements et des personnes reçues a été dressée et tenue à jour.

Pour le reste, nous ne donnons que des chiffres approximatifs. En les établissant aussi exactement que possible, nous avons été constamment préoccupés du souci de rester en deçà de la vérité. Nos chiffres s'arrêtent à fin janvier 1915.

1. *Personnes reçues* (service de Réception) 26.473
        du 15 octobre au 31 janvier 1915.

2. *Télégrammes* 17.000

3. a) *Correspondance reçue :*
    De septembre 1914 à fin janvier 1915. . . .   900.000
        Certains plis contenant jusqu'à 50 et 100 demandes, le nombre de ces dernières est infiniment supérieur.

    b) *Correspondance expédiée :*
        Un chiffre approximatif ne saurait être articulé. Mais on s'en peut faire une idée par les chiffres suivants :
    Lettres transmises 400.000
    Formulaires imprimés 1.554.500
    Papier à lettres et enveloppes 360.600

4. *Lettres recommandées et plis chargés reçus.*   38.000

5. *Colis :* expédiés de Genève 65.500
    ▸ : en transit 720.500

6. *Fiches franco-anglo-belge* (800 boîtes) :
    (Blanches : 520.000. — Vertes : 280.000) . . .   800.000

7. *Fiches allemandes* (180 boîtes) :
    (Blanches : 95.000. — Roses : 85.000) 180.000

8. *Trésorerie :*
   Sommes transmises aux prisonniers... fr. 400.000

9. *Bureau civil et sanitaire :*
   Correspondance reçue..................... 90.000
   Fiches................................... 60.000

10. *Renseignements communiqués aux familles..* 104.498
     de 15 octobre 1914 au 31 janvier 1915.

TABLE DES MATIÈRES